Date: 4/21/17

SP J 550 ROU
Roumanis, Alexis,
La tierra /

LA TIERRA

Alexis Roumanis

www.av2books.com

El enriquecido libro electrónico AV² te ofrece una experiencia bilingüe completa entre el inglés y el español para aprender el vocabulario de los dos idiomas.

This AV² media enhanced book gives you a fully bilingual experience between English and Spanish to learn the vocabulary of both languages.

Spanish   **English**

Navegación bilingüe AV²
AV² Bilingual Navigation

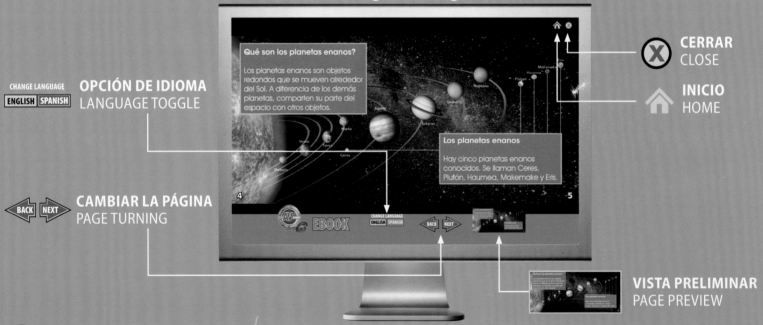

CERRAR
CLOSE

INICIO
HOME

CHANGE LANGUAGE
ENGLISH SPANISH

OPCIÓN DE IDIOMA
LANGUAGE TOGGLE

CAMBIAR LA PÁGINA
PAGE TURNING

VISTA PRELIMINAR
PAGE PREVIEW

LA TIERRA

ÍNDICE

2   Código del libro de AV²
4   ¿Qué es la Tierra?
6   ¿Qué tamaño tiene la Tierra?
8   ¿De qué está hecha la Tierra?
10 ¿Qué aspecto tiene la Tierra?
12 ¿Qué es el Gran Cañón?
14 ¿Qué es la luna de la Tierra?
16 ¿Quién descubrió que
    la Tierra era un planeta?
18 ¿En qué se diferencia la
    Tierra de los demás planetas?
20 ¿Cómo tenemos información
    sobre la Tierra hoy?
22 Datos sobre la Tierra

¿Qué es la Tierra?

La Tierra es un planeta que se mueve alrededor del Sol. La Tierra es el tercer planeta desde el Sol.

Júpiter

Marte

Sol

Venus

Tierra

Ceres

Mercurio

Eris

Makemake

Haumea

Plutón

Neptuno

Urano

Saturno

Los planetas enanos

Los planetas enanos son objetos redondos que se mueven alrededor del Sol. A diferencia de los demás planetas, comparten su parte del espacio con otros objetos.

¿Qué tamaño tiene la Tierra?

La Tierra es el cuarto planeta más pequeño del sistema solar. Tiene casi el mismo tamaño que Venus.

Tierra

Venus

¿De qué está hecha la Tierra?

La Tierra es un planeta rocoso. Está formado por rocas, hielo y agua. La superficie rocosa de la Tierra se llama corteza.

¿Qué aspecto tiene la Tierra?

La Tierra es el único planeta conocido que tiene océanos de agua. A veces se la llama el Planeta Azul. Los océanos hacen que se vea azul.

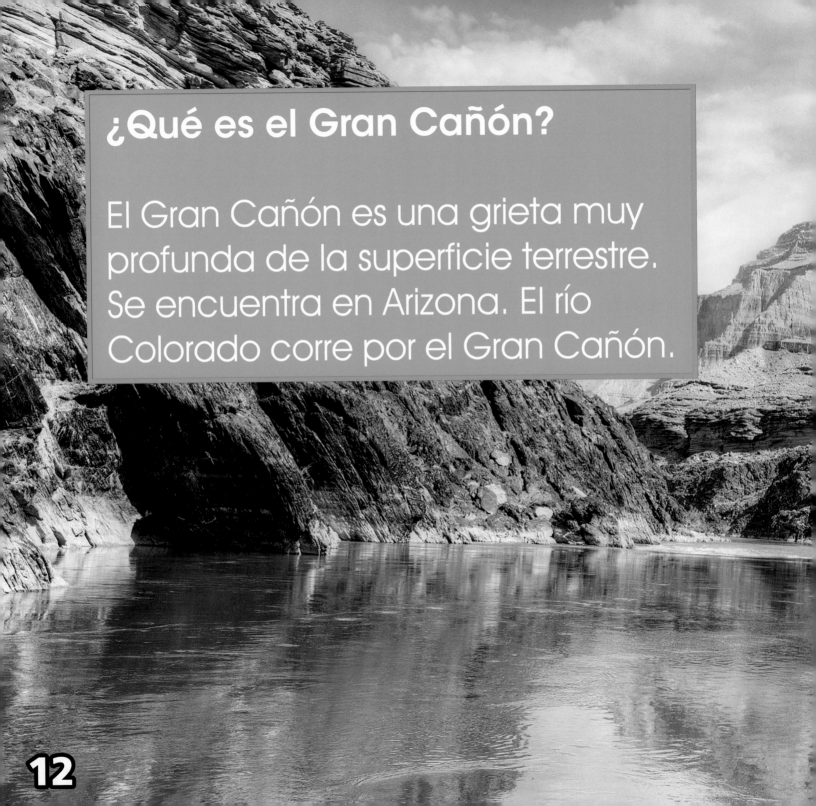

¿Qué es el Gran Cañón?

El Gran Cañón es una grieta muy profunda de la superficie terrestre. Se encuentra en Arizona. El río Colorado corre por el Gran Cañón.

¿Qué es la luna de la Tierra?

La Tierra tiene una luna. Algunos astronautas han viajado a la luna. En 1969, una persona caminó por primera vez en la luna.

Tierra

Luna

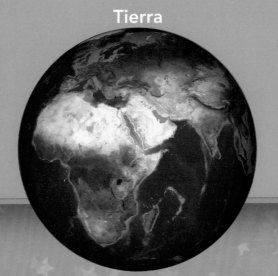

¿Quién descubrió que la Tierra era un planeta?

Copérnico descubrió que la Tierra era un planeta en el 1500. Pensaba que la Tierra se movía alrededor del Sol.

18

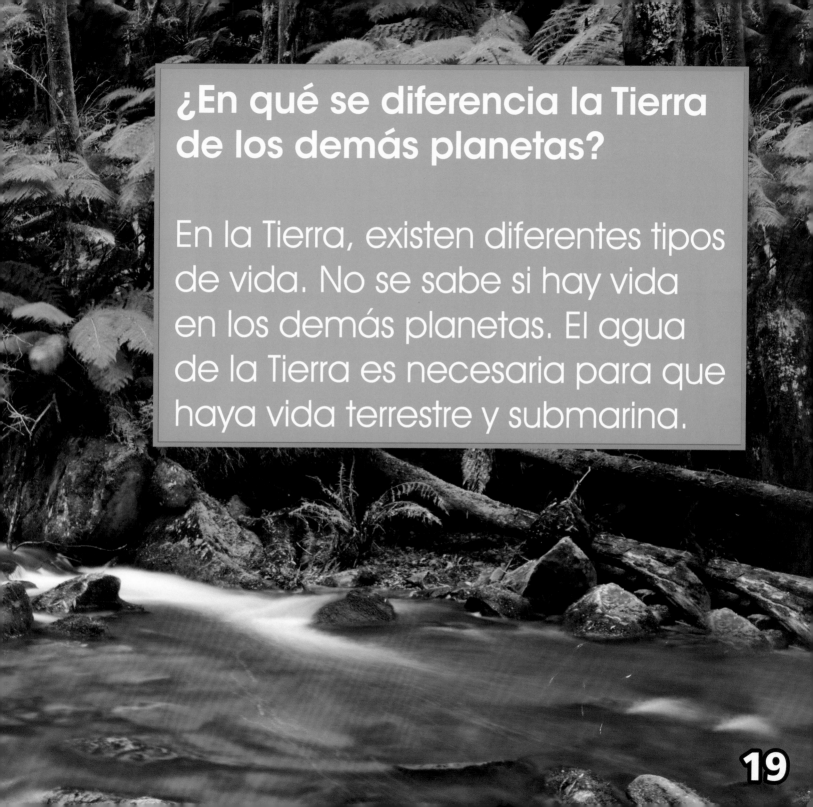

¿En qué se diferencia la Tierra de los demás planetas?

En la Tierra, existen diferentes tipos de vida. No se sabe si hay vida en los demás planetas. El agua de la Tierra es necesaria para que haya vida terrestre y submarina.

¿Cómo tenemos información sobre la Tierra hoy?

Una estación espacial es un vehículo que se mueve alrededor de la Tierra. En la estación, viven y trabajan astronautas que estudian a la Tierra desde el espacio.

DATOS SOBRE LA TIERRA

Estas páginas contienen más detalles sobre los interesantes datos de este libro. Están dirigidas a los adultos, como soporte, para que ayuden a los jóvenes lectores a redondear sus conocimientos sobre cada planeta presentado en la serie *Los planetas*.

Páginas 4–5

La Tierra es un planeta. Los planetas son objetos redondos que se mueven, u orbitan, alrededor de una estrella y tienen la suficiente masa para limpiar a los objetos más pequeños de sus órbitas. El sistema solar de la Tierra tiene ocho planetas, cuatro planetas enanos conocidos y muchos otros objetos espaciales que orbitan alrededor del Sol. La Tierra está a 93 millones de millas (150 millones de kilómetros) del Sol. La Tierra tarda 365 días en orbitar alrededor del Sol.

Páginas 6–7

La Tierra es el cuarto planeta más pequeño del sistema solar. Es apenas más grande que el planeta Venus. La gravedad es una fuerza que atrae a los objetos hacia el centro de un planeta. La fuerza de gravedad de Venus es similar a la de la Tierra. Un objeto terrestre de 100 libras (45 kilogramos) pesaría 91 libras (41 kg) en Venus.

Páginas 8–9

La Tierra es un planeta rocoso. El 75 por ciento de la superficie terrestre está cubierto de agua y el 10 por ciento, de hielo. El resto del planeta está cubierto por la corteza terrestre. Los expertos creen que el centro de la Tierra, llamado núcleo, tiene un interior sólido. El núcleo está rodeado por una capa líquida o viscosa llamada manto.

Páginas 10–11

La Tierra es el único planeta conocido que tiene océanos de agua. Desde el espacio, la Tierra se ve como una canica azul. Tiene remolinos blancos y áreas marrones, amarillas, verdes y blancas. Las partes azules de la Tierra es agua. Los remolinos blancos son nubes o áreas cubiertas de hielo y nieve. Los parches marrones, amarillos y verdes son zonas de tierra. Hay granjas y ciudades que pueden verse desde el espacio.

Páginas 12–13

El Gran Cañón es una grieta muy profunda de la superficie terrestre. Muchos lo consideran una de las siete maravillas naturales del mundo. El Gran Cañón tiene unos 6.000 pies (1.800 metros) de profundidad y 277 millas (446 km) de largo. El río Colorado formó la mayor parte del Gran Cañón. El río ha estado erosionando el cañón por millones de años.

Páginas 14–15

La Tierra tiene una luna. La luna de la Tierra es la quinta luna más grande del sistema solar. En promedio, se encuentra a aproximadamente 238.855 millas (384.400 km) de la Tierra. El 20 de julio de 1969 el astronauta estadounidense Neil Armstrong fue la primera persona que pisó la superficie de la luna. Desde entonces, 12 personas en total han caminado por la luna.

Páginas 16–17

Copérnico descubrió que la Tierra era un planeta en el 1500. Antes, se creía que las estrellas y los demás planetas orbitaban alrededor de la Tierra. En 1543, Nicolás Copérnico escribió que la Tierra no era el centro del sistema solar, sino el Sol. A principios del 1600, las observaciones de Galileo Galilei apoyaron esta teoría. El trabajo de estos dos hombres tuvo una gran influencia en el pensamiento de todos los astrónomos que los sucedieron.

Páginas 18–19

En la Tierra, existen diferentes tipos de vida. La Tierra no se parece a ningún otro planeta del sistema solar. Está compuesta por tierra, aire y agua. Todos estos elementos permiten que haya vida. Las plantas y los animales pueden sobrevivir en la Tierra porque es una zona habitable. Esto significa que, a diferencia de los demás planetas, en la Tierra puede haber vida porque no hace ni demasiado frío ni demasiado calor.

Páginas 20–21

Una estación espacial es un vehículo que se mueve alrededor de la Tierra. La Estación Espacial Internacional (ISS) se lanzó en 1998. Da una vuelta alrededor de la Tierra cada 92 minutos. La ISS se utiliza como laboratorio científico y como puerto para todas las naves espaciales del mundo. Desde la primera expedición, en octubre de 2000, 215 personas han viajado a la ISS. La han visitado más de 40 tripulaciones y se planea hacer muchas más expediciones en el futuro.

¡Visita www.av2books.com para disfrutar de tu libro interactivo de inglés y español!

Check out www.av2books.com for your interactive English and Spanish ebook!

1 **Entra en www.av2books.com**
Go to www.av2books.com

2 **Ingresa tu código**
Enter book code

F 6 6 2 2 9 7

3 **¡Alimenta tu imaginación en línea!**
Fuel your imagination online!

www.av2books.com

Published by AV² by Weigl
350 5th Avenue, 59th Floor
New York, NY 10118
Website: www.av2books.com

Library of Congress Control Number: 2015954035

ISBN 978-1-4896-4437-4 (hardcover)
ISBN 978-1-4896-4439-8 (multi-user eBook)

Printed in the United States of America in Brainerd, Minnesota
1 2 3 4 5 6 7 8 9 0 20 19 18 17 16

042016
101515

Weigl acknowledges Getty Images and iStock as the primary image suppliers for this title.

Project Coordinator: Jared Siemens
Spanish Editor: Translation Cloud LLC
Art Director: Terry Paulhus